My Bilingual Picture Book
私のバイリンガル絵本

Sefa's most beautiful children's stories in one volume

Ulrich Renz • Barbara Brinkmann:

Sleep Tight, Little Wolf・おおかみくんも ぐっすり おやすみなさい

For ages 2 and up

Cornelia Haas • Ulrich Renz:

My Most Beautiful Dream・わたしの とびっきり すてきな ゆめ

For ages 2 and up

Ulrich Renz • Marc Robitzky:

The Wild Swans・のの はくちょう

Based on a fairy tale by Hans Christian Andersen

For ages 5 and up

© 2024 by Sefa Verlag Kirsten Bödeker, Lübeck, Germany. www.sefa-verlag.de

Special thanks to Paul Bödeker, Freiburg, Germany

All rights reserved.

ISBN: 9783756304370

Note for Students of Japanese

We use a set of simple Kanji in the Japanese text of the book, beside Hiragana and Katakana. For beginners these Kanji are transcribed with Hiragana characters.

Example: 見(み)

In the appendix you will find the entire text of the book using the complete Kanji character set, as well as a latin transcription (Romaji) and a table of Hiragana and Katakana.

Have fun with this wonderful language!

Sefa Publishing

Sleep Tight, Little Wolf

おおかみくんも ぐっすり　おやすみなさい

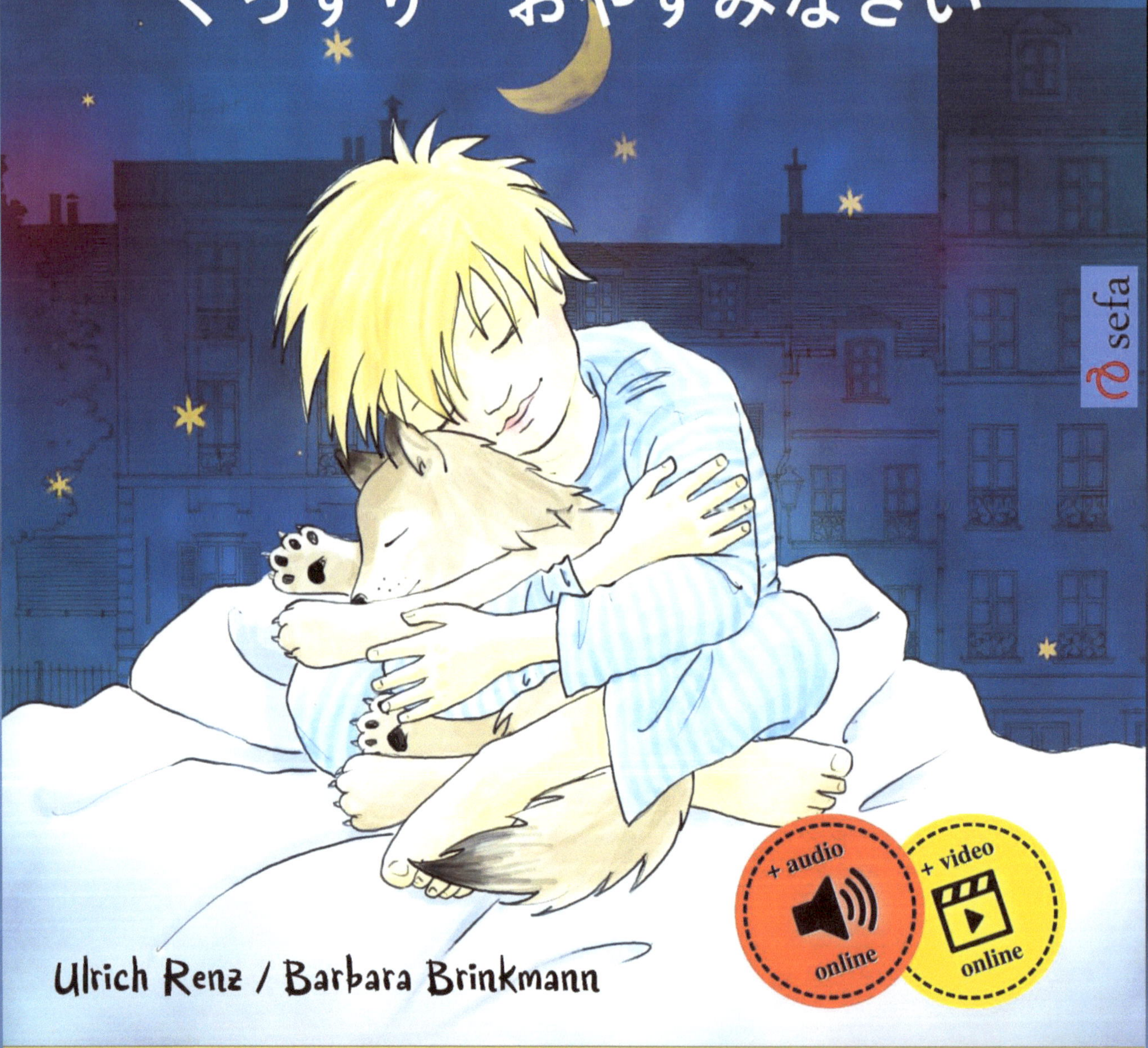

Ulrich Renz / Barbara Brinkmann

English　　　bilingual　　　Japanese

Translation:

Pete Savill (English)

Mari Freise-Sato (Japanese)

Audiobook and video:

www.sefa-bilingual.com/bonus

Password for free access:

English: **LWEN1423**

Japanese: **LWJA1910**

Good night, Tim! We'll continue searching tomorrow.
Now sleep tight!

ティム、きょうは もうねようね。

またあした、いっしょに さがそうね。　おやすみなさい。

It is already dark outside.

そとは もう くらく なりました。

What is Tim doing?

でも ティムは なにを しているのでしょう？

He is leaving for the playground.
What is he looking for there?

ティムは、こうえんに でかけていきます。
なにを さがしに いくのでしょう？

The little wolf!

He can't sleep without it.

さがしていたのは、おおかみくんでした。
ティムは　おおかみくんが　いないと　ねむれません。

Who's this coming?

あれ、こんどは だれが でてきたのでしょう？

Marie! She's looking for her ball.

でてきたのは　マリーです。

マリーも　ボールを　さがしにきたのです。

And what is Tobi looking for?

こんどは　トビーが　でてきました。
なにを　さがしているのでしょう？

His digger.

さがしていたのは、ショベルカーです。

And what is Nala looking for?

ナーラも　なにかを　さがしに　やってきました。

なにを　さがしているのでしょう？

Her doll.

それは　おにんぎょうでした。

Don't the children have to go to bed?
The cat is rather surprised.

「みんな　おうちに　かえって、ねなくても　いいのかな。」
ねこさんは　とても　しんぱいに　なりました。

Who's coming now?

そして　また　やってきたのは。。。

Tim's mum and dad!
They can't sleep without their Tim.

ティムの　ママと　パパです。
ママと　パパも　ティムが　いないと　ねむれません。

More of them are coming! Marie's dad.
Tobi's grandpa. And Nala's mum.

そして　もっと　たくさんの　ひとが　やってきました。
マリーの　パパと、トビーの　おじいさんと、ナーラの　ママです。

Now hurry to bed everyone!

さあ、はやく かえって いそいで ねよう！

Good night, Tim!
Tomorrow we won't have to search any longer.

おやすみ、ティム。
あしたは　もう　さがさなくても　いいんだよ。

Sleep tight, little wolf!

おおかみくんも　ぐっすり　おやすみなさい。

Here you find *Sleep Tight, Little Wolf* in a Kanji-enriched and a Romaji version.
The Romaji transcription uses a version of the Hepburn System.

おおかみくんのお話を、たくさん漢字を使ったテキストとローマ字の
テキストにしました。ローマ字は、ヘボン式で書きました。

おおかみくんも　ぐっすり　おやすみなさい
狼　　　　くんも　ぐっすり　お休み　なさい
Ôkami　　kun　mo　gussuri　　oyasumi　nasai

ティム、きょうは もうねようね。またあした、いっしょに さがそうね。
ティム、今日 はもう寝ようね。また明日、　一緒　に 探そう ね。
Timu、　kyô　wa mô neyô ne。Mata ashita、issho　ni sagasô　ne。

おやすみ なさい。
お休み　なさい。
Oyasumi　nasai 。

そとは　もう くらく なりました。
外　は　もう 暗く　なりました。
Soto wa　mô　kuraku narimashita。

でも　ティムは　なにを しているのでしょう？
でも　ティムは　何　を しているのでしょう？
Demo timu　wa　nani o shite iru nodeshô？

ティムは、こうえんに　でかけていきます。
ティムは、公園　に　出掛けていきます。
Timu wa、kôen ni dekakete ikimasu。

なにをさがしに　いくのでしょう？
何を　探し　に　行くのでしょう？
Nani o sagashi ni iku nodeshô？

さがしていたのは、おおかみくんでした。
探して　いたのは、狼　くんでした。
Sagashite ita no wa、ôkami kun deshita。

ティムは　おおかみくんが　いないと　ねむれません。
ティムは　狼　くんが　いないと　眠れません。
Timu wa ôkami kun ga inai to nemuremasen。

あれ、こんどは　だれが　でてきたのでしょう？
あれ、今度　は　誰　が　出て来たのでしょう？
Are、kondo wa dare ga dete kita nodeshô？

でてきたのは　マリーです。
出て来たのは　マリーです。
Dete kita no wa marî desu。

マリーも　ボールを　さがしにきたのです。
マリーも　ボールを　探し　に来たのです。
Marî mo bôru o sagashi ni kita nodesu。

こんどは　トビーが　でてきました。
今度　は　トビーが　出て　来ました。
Kondo wa tobî ga dete kimashita。

なにを　さがしているのでしょう？
何　を　探して　いるのでしょう？
Nani o sagashite iru nodeshô？

さがしていたのは、ショベルカーです。
探して いたのは、ショベルカーです。
Sagashite ita no wa、shoberukâ desu。

ナーラも なにかを さがしに やってきました。
ナーラも 何 かを 探し に 遣ってきました。
Nâra mo nani ka o sagashi ni yatte kimashita。

なにを さがして いるのでしょう？
何 を 探して いるのでしょう？
Nani o sagashite iru nodeshô ?

それは おにんぎょうでした。
それは お人形 でした。
Sore wa o ningyô deshita。

「みんな おうちに かえって、ねなくても いいのかな。」
「みんな お家 に 帰って、 寝なくても 良いのかな。」
「Minna o uchi ni kaette、 nenakute mo ii no kana。」

ねこさんは とても しんぱいに なりました。
猫 さんは とても 心配 に なりました。
Neko san wa totemo shinpai ni narimashita。

そして また やってきたのは...
そして 又 遣ってきたのは...
Soshite mata yatte kita no wa...

ティムの ママ とパパです。
ティムの ママ とパパです。
Timu no mama to papa desu。

ママと　パパも　ティムが　いないと　ねむれません。
ママと　パパも　ティムが　居ないと　眠れません。
Mama to papa mo timu ga inai to nemuremasen。

そして　もっと　たくさんの　ひとが　やってきました。
そして　もっと　沢山　の　人　が　遣ってきました。
Soshite motto takusan no hito ga yatte kimashita。

マリーの　パパと、トビーの　おじいさんと、ナーラの　ママ です。
マリーの　パパと、トビーの　お爺　さんと、ナーラの　ママ です。
Marî no papa to、tobî no ojii san to、nâra no mama desu。

さあ、はやく　かえって　いそいで　ねよう！
さあ、早く　帰って　急いで　寝よう！
Sâ、hayaku kaette isoide neyô！

おやすみ、ティム。
お休み、ティム。
Oyasumi、timu。

あしたは　もう　さがさなくても　いいんだよ。
明日　は　もう　探さなくて　も　良いんだよ。
Ashita wa mô sagasanakute mo iinda yo。

おおかみくんも　ぐっすり　おやすみなさい。
狼　くんも　ぐっすり　お休み　なさい。
Ôkami kun mo gussuri oyasumi nasai。

My Most Beautiful Dream
わたしの　とびっきり　すてきな　ゆめ

Cornelia Haas · Ulrich Renz

English　　　bilingual　　　Japanese

Lulu can't fall asleep. Everyone else is dreaming already – the shark, the elephant, the little mouse, the dragon, the kangaroo, the knight, the monkey, the pilot. And the lion cub. Even the bear has trouble keeping his eyes open …

Hey bear, will you take me along into your dream?

ルルは　ねむれません。
ほかの　ぬいぐるみたちは　もう
夢(ゆめ)を　見(み)ています——
サメや　ぞう、小(こ)ネズミ、
ドラゴン、カンガルー、
騎士(きし)、さる、パイロット。
それに、赤(あか)ちゃんライオン。
くまの　目(め)も　もう
とじかかっています。

くまさん、夢(ゆめ)の　中(なか)へ
つれてってくれるの？

And with that, Lulu finds herself in bear dreamland. The bear catches fish in Lake Tagayumi. And Lulu wonders, who could be living up there in the trees?

When the dream is over, Lulu wants to go on another adventure. Come along, let's visit the shark! What could he be dreaming?

すると もう ルルは、くまの 夢(ゆめ)の 国(くに)の 中(なか)。
くまは タガユミ湖(こ)で 魚(さかな)を つっています。ルルは びっくり、
あの 木(き)の 上(うえ)に だれが すんでいるのだろう？夢(ゆめ)が おわる
と、ルルは もっと 見(み)たくなりました。
いっしょに おいでよ、サメのところへ いこう！どんな 夢(ゆめ)を
見(み)ているのかなあ？

The shark plays tag with the fish. Finally he's got some friends! Nobody's afraid of his sharp teeth.

When the dream is over, Lulu wants to go on another adventure. Come along, let's visit the elephant! What could he be dreaming?

サメは 魚(さかな)たちと 鬼(おに)ごっこをしています。やっと 友(とも)だちが
できたのです！だれも サメの とがった 歯(は)を こわがりません。
夢(ゆめ)が おわると、ルルは もっと 見(み)たくなりました。
いっしょに おいでよ、ぞうのところへ いこう！どんな 夢(ゆめ)を
見(み)ているのかなあ？

The elephant is as light as a feather and can fly! He's about to land on the celestial meadow.

When the dream is over, Lulu wants to go on another adventure. Come along, let's visit the little mouse! What could she be dreaming?

ぞうは 羽毛(うもう)のように かるくなって、飛(と)ぶことができます！
ちょうど 空(そら)の 草(そう)げんに おり立(た)つところです。
夢(ゆめ)が おわると、ルルは もっと 見(み)たくなりました。
いっしょに おいでよ、小(こ)ネズミのところへ いこう！ どんな 夢(ゆめ)を
見(み)ているのかなあ？

The little mouse watches the fair. She likes the roller coaster best. When the dream is over, Lulu wants to go on another adventure. Come along, let's visit the dragon! What could she be dreaming?

小(こ)ネズミは　えん日(にち)を　たのしんでいます。
一(いち)ばんの　おきにいりは　ジェットコースター。
夢(ゆめ)が　おわると、ルルは　もっと　見(み)たくなりました。
いっしょに　おいでよ、ドラゴンのところへ　いこう！どんな　夢(ゆめ)を
見(み)ているのかなあ？

The dragon is thirsty from spitting fire. She'd like to drink up the whole lemonade lake.
When the dream is over, Lulu wants to go on another adventure. Come along, let's visit the kangaroo! What could she be dreaming?

ドラゴンは　火(ひ)を　たくさん　ふいたので、　のどが　かわいています。
レモネードの　湖(みずうみ)を　ぜんぶ　のみほせたら　さいこうだな。
夢(ゆめ)が　おわると、ルルは　もっと　見(み)たくなりました。
いっしょに　おいでよ、カンガルーのところへ　いこう！どんな　夢(ゆめ)を　見(み)ているのかなあ？

The kangaroo jumps around the candy factory and fills her pouch. Even more of the blue sweets! And more lollipops! And chocolate!
When the dream is over, Lulu wants to go on another adventure. Come along, let's visit the knight! What could he be dreaming?

カンガルーは あまい おかしの こうじょうを ぴょんぴょん とびまわって、ふくろいっぱいに つめこんでいます。あおい あめ玉(だま)を もっと たくさん！ ぺろぺろキャンディーも もっと！ それに チョコレートも！
夢(ゆめ)が おわると、ルルは もっと 見(み)たくなりました。
いっしょに おいでよ、騎士(きし)の ところへ いこう！ どんな 夢(ゆめ)を 見(み)ているのかなあ？

The knight is having a cake fight with his dream princess. Oops! The whipped cream cake has gone the wrong way!
When the dream is over, Lulu wants to go on another adventure. Come along, let's visit the monkey! What could he be dreaming?

騎士(きし)は あこがれの 夢(ゆめ)の 王女(おうじょ)さまと トルテ投(な)げ
遊(あそ)びをしています。おっと！クリームトルテは あたりませんでした！
夢(ゆめ)が おわると、ルルは もっと 見(み)たくなりました。
いっしょに おいでよ、さるのところへ いこう！どんな 夢(ゆめ)を
見(み)ているのかなあ？

Snow has finally fallen in Monkeyland. The whole barrel of monkeys is beside itself and getting up to monkey business.

When the dream is over, Lulu wants to go on another adventure. Come along, let's visit the pilot! In which dream could he have landed?

ついに さるの 国(くに)に 一(いち)どだけ 雪(ゆき)が ふりました！
さるたちは われを わすれて 大(おお)さわぎ。
夢(ゆめ)が おわると、ルルは もっと 見(み)たくなりました。
いっしょに おいでよ、パイロットのところへ いこう！どんな 夢(ゆめ)に
ちゃくりくしたのかなあ？

The pilot flies on and on. To the ends of the earth, and even farther, right on up to the stars. No other pilot has ever managed that.
When the dream is over, everybody is very tired and doesn't feel like going on many adventures anymore. But they'd still like to visit the lion cub.
What could she be dreaming?

パイロットは どんどん 飛(と)んでいきます。せかいの はてまで、さらに もっと とおく星(ほし)ぼしのところまで。そんなことを やりとげた パイロットは ほかにいません。
夢(ゆめ)が おわると、みんな もう くたくたで、もう そんなに たくさん 見(み)たくありません。それでも 赤(あか)ちゃんライオンのところへは いきたいな。どんな 夢(ゆめ)を 見(み)ているのかなあ？

The lion cub is homesick and wants to go back to the warm, cozy bed.
And so do the others.

And thus begins ...

赤(あか)ちゃんライオンは　ホームシックにかかって、あたたかい
ふわふわの　ベッドに　もどりたがっています。それに　ほかの　みんなも。

そして　これから　はじまるのは……

... Lulu's
most beautiful dream.

……ルルの
とびっきり すてきな 夢(ゆめ)。

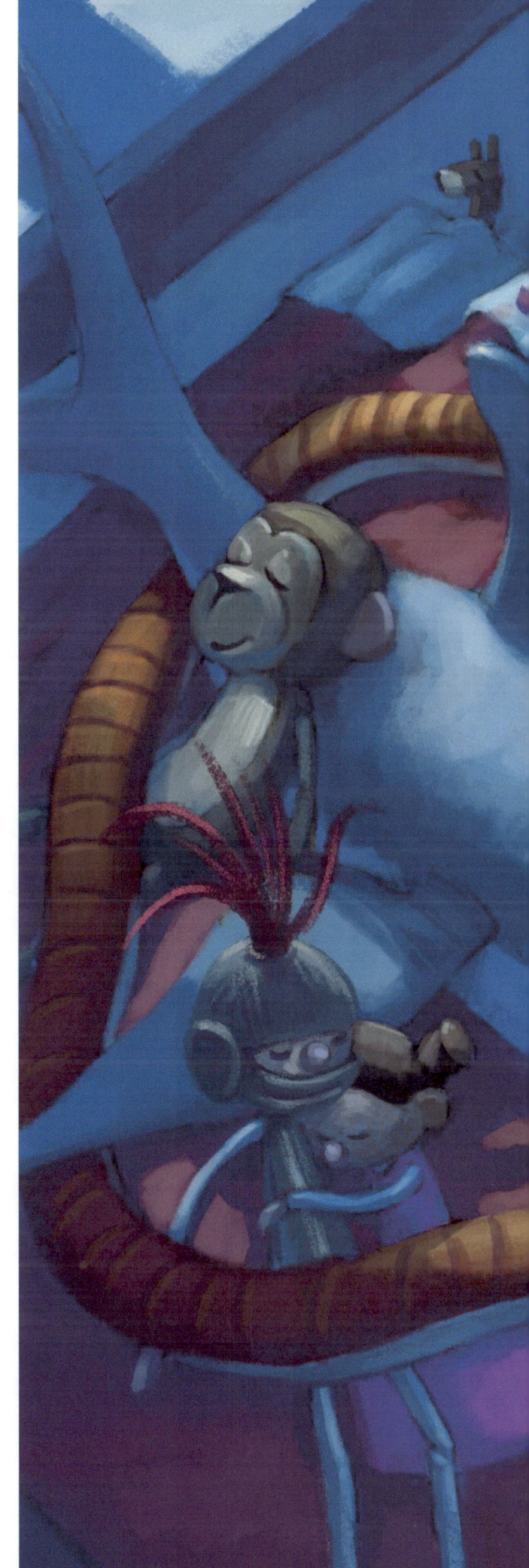

Here is Lulu's story in a Kanji-enriched and a Romaji version.
The Romaji transcription uses a version of the Hepburn System.

ルルのお話を、たくさん漢字を使ったテキストとローマ字のテキストにしました。
ローマ字は、ヘボン式で書きました。

わたしの　とびっきり　すてきな　ゆめ
私　の　とびっきり　素敵な　夢
Watashi no   tobikkiri   sutekina   yume

ルルは　ねむれません。ほかの　みんなは　もう　ゆめを　みています。
ルルは　眠れません。　他の　みんなは　もう　夢を　見ています。
Ruru wa　nemuremasen。　Hoka no　minna wa　mô　yume o　mite imasu。

サメや　ぞう、こネズミ、ドラゴン、カンガルー、きし、さる、パイロット。
鮫や　象、小鼠、　ドラゴン、カンガルー、騎士、猿、　パイロット。
Same ya　zô、　konezumi、　doragon、　kangarû、　kishi、　saru、　pairotto。

それに、あかちゃんライオン。くまの　めも、もう　とじ　かかって　います。
それに、赤ちゃん　ライオン。熊の目も、もう閉じかかっています。
Soreni、　akachan　raion。　Kuma no me mo、mô　toji　kakatte　imasu。

くまさん、ゆめの　なかへ　つれてって　くれるの？
熊さん、夢の中へ連れてってくれるの？
Kuma san、　yume no naka e　tsuretette　kureru no ?

すると　もう　ルルは、くまの　ゆめのくにの　なか。
すると　もう　ルルは、熊の　夢の国の中。
Suruto　mô　ruru wa、kuma no　yume no kuni no naka。

くまは　タガユミこで　さかなを　つって　います。
熊は　タガユミ湖で　魚を　釣っています。
Kuma wa　tagayumi-ko de　sakana o　tsutte imasu。

ルルは　びっくり、あの　きのうえに　だれが　すんでいるのだろう？
ルルは　びっくり、あの　木の上に　誰が　住んでいるのだろう？
Ruru wa　bikkuri、　ano　ki no ue　ni　dare ga　sunde　iru　no darô ?

ゆめがおわると、ルルは　もっと　みたくなりました。
夢が終わると、ルルは　もっと　見たくなりました。
Yume ga owaru to、ruru wa　motto　mitaku narimashita。

いっしょに おいでよ、サメの ところへ いこう！
一緒 に おいでよ、鮫 の所 へ 行こう！
Issho ni oide yo、 same no tokoro e ikô！

どんな ゆめを みているのかなあ？
どんな 夢 を 見ているのかなあ？
Donna yume o mite iru no kanâ？

サメは さかなたちと おにごっこを しています。
鮫 は 魚 たちと 鬼 ごっこを しています。
Same wa sakana tachi to oni gokko o shite imasu。

やっと ともだちが できたのです！
やっと 友達 が 出来たのです！
Yatto tomodachi ga dekita nodesu！

だれも サメの とがった はを こわがりません。
誰 も 鮫 の 尖った 歯を 怖がりません。
Dare mo same no togatta ha o kowagarimasen。

ゆめがおわると、ルルは もっと みたくなりました。
夢 が 終わると、ルルは もっと 見たくなりました。
Yume ga owaru to、ruru wa motto mitaku narimashita。

いっしょに おいでよ、ぞうのところへ いこう！
一緒に おいでよ、象 の所 へ 行こう！
Issho ni oide yo、 zô no tokoro e ikô！

どんな ゆめを みているのかなあ？
どんな 夢 を 見ているのかなあ？
Donna yume o mite iru no kanâ？

ぞうは うもうのように かるくなって、とぶことができます！
象 は 羽毛 の様 に 軽くなって、 飛ぶ事 が 出来ます！
Zō wa umô no yô ni karukunatte、 tobukoto ga dekimasu！

ちょうど そらのそうげんに おりたつ ところ です。
ちょうど 空 の 草原 に 降り立つ 所 です。
Chôdo sora no sôgen ni oritatsu tokoro desu。

ゆめ が おわる と、ルルは　もっと　みたく なりました。
夢　が 終わる と、ルルは　もっと　見たく なりました。
Yume ga owaru　to、ruru wa　motto　mitaku narimashita。

いっしょに　おいで よ、こネズミ の ところ へ　いこう！
一緒　に　おいで よ、小鼠　の 所　へ　行こう！
Issho ni　oide　yo、konezumi　no tokoro　e　ikô！

どんな　ゆめ を　みて いる の かなあ？
どんな 夢 を　見て いる の かなあ？
Donna　yume o　mite iru　no kanâ？

こネズミ は　えんにち を　たのしんで います。
小鼠　は 縁日　を　楽しんで　います。
Konezumi wa　en-nichi　o　tanoshinde　imasu。

いちばん の　おきにいり は　ジェットコースター。
一番　の　お気に入り は　ジェットコースター。
Ichiban　no　okiniiri　wa　jettokôsutâ。

ゆめ が おわる と、ルルは　もっと　みたく なりました。
夢　が 終わる と、ルルは　もっと　見たく なりました。
Yume ga owaru　to、ruru wa　motto　mitaku narimashita。

いっしょに　おいで よ、ドラゴン の ところ へ　いこう！
一緒　に　おいで よ、ドラゴン の 所　へ　行こう！
Issho　ni　oide　yo、doragon　no tokoro　e　ikô！

どんな　ゆめ を　みて いる の かなあ？
どんな 夢 を　見て いる の かなあ？
Donna　yume o　mite iru　no kanâ？

ドラゴン は　ひ を　たくさん　ふいた ので、　のど が　かわいて います。
ドラゴン は　火 を　沢山　吹いた ので、　喉 が 乾いて　います。
Doragon　wa　hi o　takusan　fuita　node、　nodo ga　kawaite　imasu。

レモネード の　みずうみ を　ぜんぶ　のみほせたら　さいこうだ な。
レモネード の　湖　を　全部　飲み干せたら 最高だ　な。
Remonêdo　no　mizu-umi o　zenbu　nomihosetara　saikôda　na。

ゆめ が おわる と、ルルは　もっと　みたく なりました。
夢　が 終わる と、ルルは　もっと　見たく なりました。
Yume ga owaru　to、ruru wa　motto　mitaku narimashita。

いっしょに おいでよ、カンガルーのところへ いこう！
一緒 に おいでよ、カンガルーの所 へ 行こう！
Issho ni oide yo、kangarû no tokoro e ikô！

どんな ゆめを みているのかなあ？
どんな 夢 を 見ているのかなあ？
Donna yume o mite iru no kanâ？

カンガルーは あまい おかしの こうじょうを ぴょんぴょん
カンガルーは 甘い お菓子の 工場 を ぴょんぴょん
Kangarû wa amai okashi no kôjô o pyonpyon

とびまわって、ふくろ いっぱいに つめこんで います。
飛び回って、 袋 一杯 に 詰め込んで います。
tobimawatte、 fukuro ippai ni tsumekonde imasu。

あおい あめだまを もっと たくさん！
青い 飴 玉 を もっと 沢山！
Aoi ame dama o motto takusan！

ぺろぺろ キャンディーも もっと！
ぺろぺろ キャンディーも もっと！
Peropero kyandî mo motto！

それに チョコレートも！
それに チョコレートも！
Sore ni chokorêto mo！

ゆめがおわると、ルルは もっと みたくなりました。
夢 が 終わると、ルルは もっと 見たくなりました。
Yume ga owaru to、ruru wa motto mitaku narimashita。

いっしょに おいでよ、きしのところへ いこう！
一緒に おいでよ、 騎士の所 へ 行こう！
Issho ni oide yo、 kishi no tokoro e ikô！

どんな ゆめを みているのかなあ？
どんな 夢 を 見ているのかなあ？
Donna yume o mite iru no kanâ？

きしは あこがれ の ゆめ の おうじょ さま と
騎士は 憧れ の夢 の王女 様 と
Kishi wa akogare no yume no ôjo sama to

トルテ なげ あそび を しています。
トルテ 投げ 遊び を しています。
torute nage asobi o shite imasu。

おっと！ クリームトルテ は あたりません でした！
おっと！ クリームトルテ は 当たりません でした！
Otto！ Kurîmutorute wa atarimasen deshita！

ゆめ が おわる と、ルル は もっと みたく なりました。
夢 が 終わる と、ルル は もっと 見たく なりました。
Yume ga owaru to、 ruru wa motto mitaku narimashita。

いっしょに おいでよ、さる の ところ へ いこう！
一緒に おいでよ、猿 の 所 へ 行こう！
Issho ni oide yo、 saru no tokoro e ikô！

どんな ゆめ を みている の かなあ？
どんな 夢 を 見ている の かなあ？
Donna yume o mite iru no kanâ？

ついに さる の くに に いちどだけ ゆき が ふりました！
遂に 猿 の国 に 一度だけ 雪 が 降りました！
Tsuini saru no kuni ni ichidodake yuki ga furimashita！

さるたち は われ を わすれて おおさわぎ。
猿 達 は 我 を 忘れて 大騒ぎ。
Saru tachi wa ware o wasurete ôsawagi。

ゆめ が おわる と、ルル は もっと みたく なりました。
夢 が 終わる と、ルル は もっと 見たく なりました。
Yume ga owaru to、 ruru wa motto mitaku narimashita。

いっしょに おいでよ、パイロット の ところへ いこう！
一緒 に おいでよ、パイロット の 所 へ 行こう！
Issho ni oide yo、 pairotto no tokoro e ikô！

どんな ゆめ に ちゃくりく した の かなあ？
どんな 夢 に 着陸 した の かなあ？
Donna yume ni chakuriku shita no kanâ？

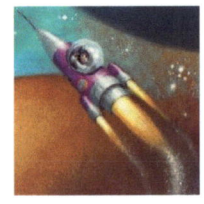

パイロットは　どんどん　とんで　いきます。
パイロットは　どんどん　飛んで　行きます。
Pairotto　wa　dondon　tonde　ikimasu。

せかいの　はてまで、さらに　もっと　とおくの　ほしぼしの　ところまで。
世界　の　果てまで、更に　もっと　遠くの　星々　の　所　まで。
Sekai　no　hate made、sara ni　motto　tôku　no hoshiboshi no tokoro　made。

そんな　ことを　やりとげた　パイロットは　ほかに　いません。
そんな　事を　やり遂げた　パイロットは　他に　いません。
Sonna　koto o　yaritogeta　pairotto　wa　hoka ni　imasen。

ゆめが　おわると、ルルは　もっと　みたく　なりました。
夢が　終わると、ルルは　もっと　見たく　なりました。
Yume ga owaru　to、ruru　wa　motto　mitaku narimashita。

もう　そんなに　たくさん　みたく　ありません。
もう　そんなに　沢山　見たく　ありません。
Mô　sonnani　takusan　mitaku　arimasen。

それでも　あかちゃん　ライオンの　ところへは　いきたいな。
それでも　赤ちゃん　ライオンの　所　へは　行きたいな。
Soredemo　akachan　raion　no tokoro e wa　ikitai　na。

どんな　ゆめを　みて　いるのかなあ？
どんな　夢を　見ているのかなあ？
Donna　yume o　mite iru　no kanâ？

あかちゃん　ライオンは　ホームシックに　かかって、あたたかい　ふわふわの
赤ちゃん　ライオンは　ホームシックに　罹って、暖かい　ふわふわの
Akachan　raion　wa　hômushikku　ni　kakatte、atatakai　fuwafuwa no

ベッドに　もどりたがって　います。それに　ほかの　みんなも。
ベッドに　戻りたがって　います。それに　他の　みんなも。
beddo　ni　modoritagatte　imasu。Soreni　hoka no　minna　mo。

そして　これから　はじまるのは……
そして　これから　始まるのは……
Soshite　korekara　hajimaru　no wa……

……ルルの　とびっきり　すてきな　ゆめ。
……ルルの　とびっきり　素敵な　夢。
……ruru no　tobikkiri　sutekina　yume。

Ulrich Renz • Marc Robitzky

The Wild Swans

のの はくちょう

Based on a fairy tale by

Hans Christian Andersen

English   bilingual   Japanese

Once upon a time there were twelve royal children – eleven brothers and one older sister, Elisa. They lived happily in a beautiful castle.

むかしむかし、十二人(じゅうににん)の 王(おう)さまの こどもたちが ありました。十一人(じゅういちにん)の おとこの きょうだいと あねの エリザです。すばらしく うつくしい お城(しろ)に しあわせに くらしていました。

One day the mother died, and some time later the king married again. The new wife, however, was an evil witch. She turned the eleven princes into swans and sent them far away to a distant land beyond the large forest.

ある日(ひ)、おかあさまが なくなってしまいました。しばらく
すると、王(おう)さまは あたらしい おきさきを むかえました。
ところが、そのおきさきは わるい 魔女(まじょ)でした。
十一人(じゅういちにん)の 王子(おうじ)を 魔法(まほう)で
はくちょうに かえて、大(おお)きな 森(もり)の むこうの
とおい 国(くに)へ おいはらってしまいました。

She dressed the girl in rags and smeared an ointment onto her face that turned her so ugly, that even her own father no longer recognized her and chased her out of the castle. Elisa ran into the dark forest.

おきさきは むすめに ぼろを きせ、みにくい ぬりぐすりを 顔(かお)に すりこみました。すると、じつの おとうさまでさえ むすめが わからなくなって お城(しろ)から おいだしてしまいました。
エリザは くらい 森(もり)の 中(なか)へ かけこみました。

Now she was all alone, and longed for her missing brothers from the depths of her soul. As the evening came, she made herself a bed of moss under the trees.

エリザは 今(いま)、ひとりぼっちになって、いなくなった きょうだいたちを 心(こころ)から 恋(こい)しがりました。晩(ばん)に なると、木(き)の 下(した)に 苔(こけ)の ベッドを こしらえました。

The next morning she came to a calm lake and was shocked when she saw her reflection in it. But once she had washed, she was the most beautiful princess under the sun.

つぎの朝(あさ)、エリザは ひっそり とした みずうみに やってきました。 そして 水面(すいめん)に うつった 顔(かお)を みて びっくりしました。 けれども 水(みず)で あらうと、 エリザより うつくしい 王(おう)さま の こどもは、このよに ふたりとは ありませんでした。

After many days Elisa reached the great sea. Eleven swan feathers were bobbing on the waves.

いく日(にち)も いく日(にち)も かかって、エリザは 大(おお)きな 海(うみ)に たどりつきました。なみに 十一(じゅういち)まいの はくちょうの はねが ゆられていました。

As the sun set, there was a swooshing noise in the air and eleven wild swans landed on the water. Elisa immediately recognized her enchanted brothers. They spoke swan language and because of this she could not understand them.

お日(ひ)さまが しずむと、空中(くうちゅう)で ばさっばさっと
音(おと)がして、十一羽(じゅういちわ)の 野(の)の はくちょうが
水面(すいめん)に まいおりました。エリザは すぐに
魔法(まほう)を かけられた きょうだいたちだと きづきました。
けれども、はくちょうの ことばが はなせなかったので、
きょうだいたちの いうことは わかりませんでした。

During the day the swans flew away, and at night the siblings snuggled up together in a cave.

One night Elisa had a strange dream: Her mother told her how she could release her brothers from the spell. She should knit shirts from stinging nettles and throw one over each of the swans. Until then, however, she was not allowed to speak a word, or else her brothers would die.
Elisa set to work immediately. Although her hands were burning as if they were on fire, she carried on knitting tirelessly.

昼(ひる)のあいだ、はくちょうは どこかへ とんでいきました。夜(よる)になると エリザと きょうだいたちは、ほら穴(あな)の中(なか)で 身(み)を よせあって あたたまりました。

ある夜(よ)、エリザは ふしぎな ゆめを みました。おかあさまが きょうだいたちを すくう ほうほうを おしえてくれたのです。「イラクサで 一羽一羽(いちわいちわ)に シャツを 編(あ)んで はくちょうに なげかけなさい。ただし、そのときまでは だれとも 口(くち)を きいては いけませんよ。さもないと、きょうだいたちは しんでしまうでしょう。」
エリザは すぐに しごとに とりかかりました。手(て)が イラクサの とても 小(ちい)さな トゲから でる えきで 焼(や)けつくように いたみましたが、がまんして 編(あ)みつづけました。

One day hunting horns sounded in the distance. A prince came riding along with his entourage and he soon stood in front of her. As they looked into each other's eyes, they fell in love.

ある日(ひ) とおくで、かりの つのぶえ が なりひびきました。王子(おうじ)が おともの けらいと、馬(うま)に のって ちかづいてきたかと おもうと、もう エリザの まえに たっていました。 二人(ふたり)は おたがいの 目(め)が あった しゅんかん すきになりました。

The prince lifted Elisa onto his horse and rode to his castle with her.

王子(おうじ)は エリザを じぶんの 馬(うま)に のせて、お城(しろ)に つれてかえりました。

The mighty treasurer was anything but pleased with the arrival of the silent beauty. His own daughter was meant to become the prince's bride.

いつも いばっている たからものがかりは、口(くち)の きけない うつくしい人(ひと)が お城(しろ)に ついたとき、まったく よろこびませんでした。じぶんの むすめが 王子(おうじ)の はなよめに なるべきだと おもっていたのです。

Elisa had not forgotten her brothers. Every evening she continued working on the shirts. One night she went out to the cemetery to gather fresh nettles. While doing so she was secretly watched by the treasurer.

エリザは きょうだいたちのことを わすれてはいませんでした。
まい晩(ばん) シャツを 編(あ)みつづけたのです。
ある夜(よ)、しんせんな イラクサを とりに 墓地(ぼち)へ でかけていきました。そのとき、たからものがかりが こっそり エリザを 見(み)ていました。

As soon as the prince was away on a hunting trip, the treasurer had Elisa thrown into the dungeon. He claimed that she was a witch who met with other witches at night.

王子(おうじ)が かりに でかけると すぐ、たからものがかりは エリザを ろうやに いれてしまいました。
エリザは 魔女(まじょ)で、
夜(よる)に ほかの 魔女(まじょ)と あっていると いうのです。

At dawn, Elisa was fetched by the guards. She was going to be burned to death at the marketplace.

夜(よ)あけに みはりが エリザを
むかえに きました。市(いち)の たつ
ひろばで 火(ひ)あぶりに
されることに なっていました。

No sooner had she arrived there, when suddenly eleven white swans came flying towards her. Elisa quickly threw a shirt over each of them. Shortly thereafter all her brothers stood before her in human form. Only the smallest, whose shirt had not been quite finished, still had a wing in place of one arm.

エリザが ひろばに つくやいなや、どこからともなく
十一羽(じゅういちわ)の まっ白(しろ)な はくちょうが
とんできました。
エリザは すばやく 一羽一羽(いちわいちわ)に イラクサの シャツを
なげかけました。やがて、きょうだいたちは みんな 人間(にんげん)
の すがたに もどって、エリザの まえに たっていました。いちばん
すえの きょうだいだけは シャツが できあがらなかったので、
かたほうの うでが まだ つばさのままでした。

The siblings' joyous hugging and kissing hadn't yet finished as the prince returned. At last Elisa could explain everything to him. The prince had the evil treasurer thrown into the dungeon. And after that the wedding was celebrated for seven days.

And they all lived happily ever after.

エリザたちが まだ、だきあったり キスしたりして よろこんでいたとき、王子(おうじ)が もどってきました。
エリザは やっと 王子(おうじ)に 今(いま)までのことを のこらず はなすことができました。
王子(おうじ)は わるい たからものがかりを ろうやに いれました。
それから、七日間(なのかかん)、けっこんしきが とりおこなわれました。

めでたし めでたし。

Hans Christian Andersen

Hans Christian Andersen was born in the Danish city of Odense in 1805, and died in 1875 in Copenhagen. He gained world fame with his literary fairy-tales such as „The Little Mermaid", „The Emperor's New Clothes" and „The Ugly Duckling". The tale at hand, „The Wild Swans", was first published in 1838. It has been translated into more than one hundred languages and adapted for a wide range of media including theater, film and musical.

Here is *The Wild Swans* in a Kanji-enriched and a Romaji version.

The Romaji transcription uses a version of the Hepburn System.

ののはくちょうのお話を、たくさん漢字を使ったテキストとローマ字のテキストに

ローマ字は、ヘボン式で書きました。

のの はくちょう
野の 白鳥
No no hakuchô

むかしむかし、 じゅうに にん の おうさま の こども たち が ありました。
昔々、 十二 人 の王様 の 子 供達 が ありました。
Mukashi mukashi、jûni nin no ôsama no kodomo tachi ga arimashita。

じゅういちにんの おとこ の きょうだい と あね の エリザ です。
十一 人 の男 の 兄弟 と 姉 の エリザ です。
Jûichi nin no otoko no kyôdai to ane no eriza desu。

すばらしく うつくしい おしろに しあわせに くらしていました。
素晴らしく 美しい お城 に 幸せ に 暮らしていました。
Subarashiku utsukushii oshiro ni shiawase ni kurashite imashita。

あるひ、おかあさまが なくなってしまいました。
ある日、お母様 が 亡くなってしまいました。
Aruhi、 okâsama ga nakunatte shimaimashita。

しばらくすると、 おうさまは あたらしい おきさきを むかえました。
暫らく すると、王様 は 新しい お后 を 迎えました。
Shibaraku suruto、 ôsama wa atarashii okisaki o mukaemashita。

ところが、そのおきさきは わるい まじょ でした。
所 が、そのお后 は 悪い 魔女 でした。
Tokoro ga、sono okisaki wa warui majo deshita。

じゅういち にんの おうじ を まほうで はくちょうに かえて、
十一 人 の 王子 を 魔法 で 白鳥 に 変えて、
Jûichi nin no ôji o mahô de hakuchô ni kaete、

おおきな もりの　　むこうの とおいくにへ おいはらって しまいました。
大きな 森 の　　向こうの 遠い 国 へ 追い払って しまいました。
ôkina　mori no　mukô no tôi　kuni e oiharatte　shimaimashita。

おきさきは むすめ に ぼろを きせ、みにくい ぬりぐすりを かおに すりこみました。
お后 は娘 にボロを 着せ、醜い 塗り薬 を顔 に 擦り込みました。
Okisaki wa　musume ni boro o kise、minikui　nurigusuri o kao ni surikomimashita。

すると、じつの おとうさまで さえ むすめ がわからなく なって おしろ から
すると、実 のお父様で さえ娘 がわからなく なってお城 から
Suruto、jitsu no o tôsamade　sae musume ga wakaranaku natte oshiro kara

おいだしてしまいました。
追い出してしまいました。
oidashite　shimaimashita。

エリザは くらい もりの なかへ かけこみました。
エリザは 暗い 森 の中 へ 駆け込みました。
Eriza wa　kurai　mori no naka e　kakekomimashita。

エリザは いま、ひとりぼっちに なって、
エリザは 今、 一人ぼっち になって、
Eriza　wa ima、hitoribocchi　ni natte、

いなくなった きょうだい たちを こころから こいし がりました。
居なくなった 兄弟 達 を 心から 恋し がりました。
inakunatta　kyôdai　tachi o kokorokara koishi garimashita。

ばんに なると、きの した に こけの ベッドを こしらえました。
晩 になると、木の下 に苔 のベッドをこしらえました。
Ban ni naruto、ki no shita ni koke no beddo o koshiraemashita。

つぎの あさ、エリザは ひっそりとした みずうみに やってきました。
次 の朝、 エリザはひっそりとした 湖 に 遣ってきました。
Tsugi no asa、eriza wa hissori　to shita mizuumi ni yatte　kimashita。

そして すいめんに うつった かおを みて びっくりしました。
そして 水面 に 映った 顔 を見て びっくり しました。
Soshite suimen ni utsutta kao o mite bikkuri shimashita。

けれども みず　　であらうと、エリザより うつくしい おうさまの こども は、
けれども 水　　　で 洗う と、エリザより 美しい　　王様　　　の 子供　　は、
Keredomo mizu　　de arau　to、eriza　yori utsukushii　ôsama　　no kodomo wa、

このよに ふたりとは　ありませんでした。
この世に 二人　とは　ありません でした。
konoyo ni futari to wa arimasen　deshita。

いくにちも　いくにちも　かかって、エリザは おおきな うみに たどりつきました。
幾日　　も 幾日　　も 掛かって、エリザは 大きな　　海 に 辿り　着きました。
Ikunichi　 mo ikunichi　mo kakatte、　eriza wa　ôkina　　umi ni tadori tsukimashita。

なみ に じゅういち まいの はくちょうの はねが ゆられて いました。
波　に 十一　　　枚 の 白鳥　　　の 羽　が 揺られて いました。
Nami ni jûichi　　　mai no hakuchô　no hane ga yurarete　imashita。

おひさまが しずむ　と、くうちゅうで ば さっばさっと おとがして、
お日様　が 沈む　　と、空中　　　で ば さっばさっと 音　がして、
Ohisama ga　shizumu to、kûchû　　de ba sabba　satto　oto ga shite、

じゅういちわ の の の はくちょうが すいめん に まいおりました。
十一　　　羽 の 野の白鳥　　　　が 水面　　に 舞い降りました。
jûichi　　　wa no no no hakuchô　　ga suimen　ni maiorimashita。

エリザは すぐに まほう を かけられた きょうだいたちだ と きづきました。
エリザは 直ぐに 魔法　を 掛けられた 兄弟　　　　達だ　と 気づきました。
Eriza　wa sugu ni mahô　o　kakerareta　kyôdai　　tachida to kizukimashita。

けれども、はくちょうの ことばが はなせなかったので、きょうだいたちの いうこと は
けれども、白鳥　　　の 言葉　が 話せなかった　　ので、兄弟　　　達 の 言う事　は
Keredomo、hakuchô　　no kotoba ga hanasenakatta　node、kyôdai　　tachi no iu　 koto wa

わかりませんでした。
解りません　でした。
wakarimasen　deshita。

ひるの あいだ、はくちょうは どこか へ とんで いきました。
昼 の 間、　　　白鳥　　　は 何処か へ 飛んで 行きました。
Hiru no aida、　　hakuchô　 wa dokoka e tonde　ikimashita。

よる　になるとエリザと きょうだいたちは、ほらあな のなかでみを
夜　　になるとエリザと兄弟　　　達　は、洞穴　　の中　で身を
Yoru ni naru to eriza to kyôdai tachi wa、horaana no naka de mi o

よせあって あたたまりました。
寄せ合って 暖まりました。
yoseatte atatamarimashita。

あるよ、エリザはふしぎな ゆめ をみました。
ある夜、エリザは不思議な夢　を見ました。
Aru yo、eriza wa fushigina yume o mimashita。

おかあさまが きょうだいたち をすくう ほうほうをおしえてくれたのです。
お母様　　が兄弟　　　達　を救う　方法　　を教えて　くれたのです。
Okâsama ga kyôdai tachi o sukû hôhô o oshiete kureta nodesu。

「イラクサで いちわいちわに シャツを あんで はくちょうに なげかけなさい。
「刺草　　で一羽 一羽　にシャツを 編んで 白鳥　　に 投げ掛けなさい。
「Irakusa de ichiwa ichiwa ni shatsu o ande hakuchô ni nage kakenasai。

ただし、そのときまで は だれとも くち を きいては いけませんよ。
但し、　その時　までは 誰　とも口　を 利いてはいけませんよ。
Tadashi、sono toki made wa dare tomo kuchi o kiite wa ikemasen yo。

さもないと、きょうだいたちは　しんでしまうでしょう。」
さもないと、兄弟　　　達　は　死んでしまうでしょう。」
Sa mo nai to、kyôdai tachi wa shinde shimaudeshô。」

エリザはすぐに しごと にとりかかりました。
エリザは 直ぐに 仕事　に 取り掛かりました。
Eriza wa suguni shigoto ni torikakarimashita。

てがイラクサの とてもちいさな トゲから でる えきで やけつくように
手が刺草　　のとても小さな　棘　から出る液　で 焼け付く様　に
Te ga irakusa no totemo chiisana toge kara deru eki de yaketsuku yô ni

いたみましたが、がまんして あみ　つづけました。
痛みました　が、我慢　して 編み　続けました。
Itamimashita ga、gaman shite ami tsuzukemashita。

あるひ とおくで、かりの つのぶえ がなりひびきました。
ある日 遠くで、 狩りの 角笛 が鳴り響きました。
Aruhi tôkude、 kari no tsunobue ga narihibikimashita。

おうじ がおとものけらいと、うまにのってちかづいてきたかとおもうと、
王子 がお伴 の家来 と、馬 に乗って近づいて 来たかと思う と、
Ôji ga otomo no kerai to、uma ni notte chikazuite kita ka to omô to、

もうエリザの まえに たっていました。
もうエリザの 前 に立っていました。
mô eriza no mae ni tatte imashita。

ふたりは おたがいのめがあった しゅんかん すきになりました。
二人 はお互い の目 が合った 瞬間 好きになりました。
Futari wa otagai no me ga atta shunkan suki ni narimashita。

おうじはエリザをじぶんの うまにのせて、おしろにつれて かえりました。
王子 はエリザを自分 の馬 に乗せて、お城 に連れて 帰りました。
Ôji wa eriza o jibun no uma ni nosete、oshiro ni tsurete kaerimashita。

いつも いばっている たからもの がかりは、くちの きけない うつくしい ひとが
何時も 威張っている 宝物 係 は、口 の 利けない 美しい 人 が
Itsumo ibatte iru takaramono gakari wa、kuchi no kike nai utsukushii hito ga

おしろに ついたとき、まったく よろこびませんでした。
お城 に着いた 時、全く 喜びません でした。
oshiro ni tsuita toki、mattaku yorokobimasen deshita。

じぶんの むすめ がおうじ のはなよめになるべきだと おもっていたのです。
自分 の娘 が王子 の花嫁 に為るべきだと思って いたのです。
Jibun no musume ga ôji no hanayome ni narubekida to omotte ita nodesu。

エリザは きょうだいたち のことをわすれては いませんでした。
エリザは兄弟 達 の事 を忘れて はいませんでした。
Eriza wa kyôdai tachi no koto o wasurete wa imasen deshita。

まいばん シャツを あみ つづけたのです。
毎晩 シャツを 編み 続けた のです。
Maiban shatsu o ami tsuzuketa nodesu。

ある よ、しんせんな イラクサを とりに ぼち へ でかけていきました。
ある 夜、新鮮 な 刺草 を 採りに 墓地 へ 出かけて 行きました。
Aru yo、shinsen na irakusa o tori ni bochi e dekakete ikimashita。

そのとき、たからものがかりが こっそり エリザ を みて いました。
その時、 宝物 係が こっそり エリザ を 見て いました。
Sonotoki、 takaramono gakari ga kossori eriza o mite imashita。

おうじ がかりに でかけると すぐ、たからもの がかりは エリザを ろうやに いれて
王子 が 狩りに 出かけると 直ぐ、宝物 係 はエリザを 牢屋 に 入れて
Ôji ga kari ni dekakeru to sugu、takaramono gakari wa eriza o rôya ni irete

しまいました。
しまいました。
shimaimashita。

エリザは まじょで、よる に ほか の まじょと あっている と いうのです。
エリザは 魔女 で、夜 に 他 の 魔女 と 会っている と 言うのです。
Eriza wa majo de、yoru ni hoka no majo to atte iru to iu nodesu。

よあけに みはりが エリザ を むかえに きました。
夜明けに 見張りが エリザ を 迎え に 来ました。
Yoake ni mihari ga eriza o mukae ni kimashita。

いち の たつ ひろばで ひあぶりに される こと に なっていました。
市 の 立つ 広場 で 火あぶりに される 事 に なっていました。
Ichi no tatsu hiroba de hiaburi ni sareru koto ni natte imashita。

エリザが ひろばに つく や いなや、どこ からとも なく じゅういちわの まっしろな
エリザが 広場 に 着くや否や、 何処 からとも なく 十一 羽の 真っ白な
Eriza ga hiroba ni tsuku ya inaya、doko kara tomo naku jûichi wa no masshirona

はくちょうが とんで きました。エリザは すばやく いちわいちわに
白鳥 が 飛んで 来ました。エリザは 素早く 一羽一羽 に
hakuchô ga tonde kimashita。Eriza wa subayaku ichiwa ichiwa ni

イラクサの シャツを なげかけました。やがて、きょうだいたちは
刺草の シャツを 投げ掛けました。やがて、兄弟 達 は
irakusa no shatsu o nagekakemashita。Yagate、kyôdai tachi wa

みんな にんげん の すがた に もどって、エリザの まえに たっていました。
みんな 人間 の 姿 に 戻って、 エリザの 前 に 立っていました。
minna ningen no sugata ni modotte、eriza no mae ni tatte imashita。

いちばん すえの きょうだいだけは シャツが できあがらなかったので、
一番 末 の 兄弟 だけは シャツが 出来上がらなかったので、
Ichiban sue no kyôdai dake wa shatsu ga dekiagaranakatta node、

かたほうの うで が まだ つばさ の まま でした。
片方 の 腕 が まだ 翼 の まま でした。
katahô no ude ga mada tsubasa no mama deshita。

エリザたちが まだ、 だきあったり キスしたりして よろこんでいたとき、おうじが
エリザ達 が まだ、 抱き合ったり キスしたりして 喜んで いた 時、 王子 が
Eriza tachi ga mada、dakiattari kisushitari shite yorokonde ita toki、ôji ga

もどってきました。エリザは やっと おうじに いままでの ことを
戻って 来ました。 エリザは やっと 王子 に 今まで の 事 を
modotte kimashita。 Eriza wa yatto ôji ni imamade no koto o

のこらず はなす ことが できました。
残らず 話す ことが 出来ました。
nokorazu hanasu koto ga dekimashita。

おうじ は わるい たからもの がかりを ろうやに いれました。
王子 は 悪い 宝物 係 を 牢屋 に 入れました。
Ôji wa warui takaramono gakari o rôya ni iremashita。

それから、なのかかん、けっこんしき が とりおこなわれました。
それから、七日間、 結婚式 が 執り行わ れました。
Sorekara、nanokakan、kekkonshiki ga toriokonawa remashita。

めでたし めでたし。
愛でたし 愛でたし。
Medetashi medetashi。

ローマ字一覧表　ヘボン式
Rômaji Table (Hepburn System)

ひらがな　Hiragana

あ a	い i	う u	え e	お o				
か ka	き ki	く ku	け ke	こ ko	きゃ kya	きゅ kyu	きょ kyo
さ sa	し shi	す su	せ se	そ so	しゃ sha	しゅ shu	しょ sho
た ta	ち chi	つ tsu	て te	と to	ちゃ cha	ちゅ chu	ちょ cho
な na	に ni	ぬ nu	ね ne	の no	にゃ nya	にゅ nyu	にょ nyo
は ha	ひ hi	ふ fu	へ he	ほ ho	ひゃ hya	ひゅ hyu	ひょ hyo
ま ma	み mi	む mu	め me	も mo	みゃ mya	みゅ myu	みょ myo
や ya		ゆ yu		よ yo			
ら ra	り ri	る ru	れ re	ろ ro	りゃ rya	りゅ ryu	りょ ryo
わ wa				を o			
ん n							
が ga	ぎ gi	ぐ gu	げ ge	ご go	ぎゃ gya	ぎゅ gyu	ぎょ gyo
ざ za	じ ji	ず zu	ぜ ze	ぞ zo	じゃ ja	じゅ ju	じょ jo
だ da	ぢ ji	づ zu	で de	ど do			
ば ba	び bi	ぶ bu	べ be	ぼ bo	びゃ bya	びゅ byu	びょ byo
ぱ pa	ぴ pi	ぷ pu	ぺ pe	ぽ po	ぴゃ pya	ぴゅ pyu	ぴょ pyo

カタカナ Katakana

ア a	イ i	ウ u	エ e	オ o				
カ ka	キ ki	ク ku	ケ ke	コ ko	キャ kya	キュ kyu	キョ kyo
サ sa	シ shi	ス su	セ se	ソ so	シャ sha	シュ shu	ショ sho
タ ta	チ chi	ツ tsu	テ te	ト to	チャ cha	チュ chu	チョ cho
ナ na	ニ ni	ヌ nu	ネ ne	ノ no	ニャ nya	ニュ nyu	ニョ nyo
ハ ha	ヒ hi	フ fu	ヘ he	ホ ho	ヒャ hya	ヒュ hyu	ヒョ hyo
マ ma	ミ mi	ム mu	メ me	モ mo	ミャ mya	ミュ myu	ミョ myo
ヤ ya		ユ yu		ヨ yo			
ラ ra	リ ri	ル ru	レ re	ロ ro	リャ rya	リュ ryu	リョ ryo
ワ wa				ヲ o			
ン n							
ガ ga	ギ gi	グ gu	ゲ ge	ゴ go	ギャ gya	ギュ gyu	ギョ gyo
ザ za	ジ ji	ズ zu	ゼ ze	ゾ zo	ジャ ja	ジュ ju	ジョ jo
ダ da	ヂ ji	ヅ du	デ de	ド do			
バ ba	ビ bi	ブ bu	ベ be	ボ bo	ビャ bya	ビュ byu	ビョ byo
パ pa	ピ pi	プ pu	ペ pe	ポ po	ピャ pya	ピュ pyu	ピョ pyo

Barbara Brinkmann was born in Munich in 1969 and grew up in the foothills of the Bavarian Alps. She studied architecture in Munich and is currently a research associate in the Department of Architecture at the Technical University of Munich. She also works as a freelance graphic designer, illustrator, and author.

Cornelia Haas has been illustrating childrens' and adolescents' books since 2001. She was born near Augsburg, Germany, in 1972. She studied design at the Münster University of Applied Sciences and is currently a professor on the faculty of Münster University of Applied Sciences teaching illustration.

Marc Robitzky, born in 1973, studied at the Technical School of Art in Hamburg and the Academy of Visual Arts in Frankfurt. He works as a freelance illustrator and communication designer in Aschaffenburg (Germany).

Ulrich Renz was born in Stuttgart, Germany, in 1960. After studying French literature in Paris he graduated from medical school in Lübeck and worked as head of a scientific publishing company. He is now a writer of non-fiction books as well as children's fiction books.

Do you like drawing?

Here are the pictures from the story to color in:

www.sefa-bilingual.com/coloring

www.ingramcontent.com/pod-product-compliance
Lightning Source LLC
LaVergne TN
LVHW070439080526
838202LV00035B/2664